# CATALOGUE DES LIVRES,

*Imprimés à la Haye*

chez PIERRE DE HONDT,

Ou dont il a nombre.

LES Avantures de *Don Quichotte*, réprefentées en Figures, par *Coypel*, *Picart* le Romain, & autres Habiles Maîtres; avec les Explications des XXXI. Planches de cette magnifique Collection, tirées de l'Original Espagnol de *Miguel de Cervantes*. à la Haye 1746. in 4°.

- - - - Le même Livre, in folio.
- - - - Les Estampes se vendent séparement in *folio* & in *quarto*.

Atlas de la Hollande Ancienne, & de sa véritable Situation, telle qu'elle étoit sous la Domination des Anciens Empereurs, Rois, Ducs, & Comtes, représentée en IX. Cartes Géographiques. à la Haye 1745. in fol.

De l'Attaque & de la Défense des Places, par Mr. le Maréchal de *Vauban*. à la Haye 1737. & 1742. 2 vol. avec de belles Planches, in 4°.

- - - - Le Tome second séparement. Haye 1742. fig. in 4.

Antiquitez de la Ville de *Lyon*, ou explication de ses plus Anciens Monumens; avec des Recherches sur les autres choses remarquables, qui peuvent attirer l'attention des Etrangers. Lyon 1738. 2 vol. avec des Figures in 12°.

A          L'Avo-

L'Avocat du Diable, ou Memoires Historiques & Critiques sur la Vie & la Legende du *Pape Gregoire VII.* 1743. 3 vol. in 12°.

Les Amours Pastorales de *Daphnis* & de *Chloé.* 1748. avec de très jolies Figures, in 12°.

La Bibliotheque Universelle, Choisie, Ancienne & Moderne, par le célebre Mr. *Le Clerc.* 83 vol. in 12.

La Bibliotheque *Brittanique,* ou Histoire des Ouvrages des Savans de la Grande-Bretagne, par une Société de Gens de Lettres à Londres. à la Haye 1734. & suivans 50 parties, in 8.

Cartes Géographiques, que l'Academie de Petersbourg a fait graver: sous le Titre de Théatre de la Guerre, conduite par les Troupes de sa Majesté l'Impératrice des Russies, contre les Turcs & les Tartares en 1736. & 1737. Item Véritable Situation de la Chersonese Taurique, ou Crimée, & des Païs Voisins, comme aussi des Marches de l'Armée Russienne, contre les Tartares en 1736. & 1737. Fol. ces trois Cartes sont enluminées.

La Cronique des Rois d'Angleterre, écrite dans le Style des Anciens Historiens Juifs, par *Nathan Ben Saddi*, Prêtre de cette Nation. Londres 1743. in 8.

Causes de la Corruption du Goût, par Madame *Dacier.* à la Haye 1735. in 12.

Commentaire sur les Epitres d'Ovide par Messire *Gaspar Bachet Sr. de Meziriac*, de l'Académie Françoise; avec plusieurs autres Ouvrages du même Auteur, dont quelques-uns paroissent pour la premiere fois. à la Haye 1716. 2 vol. in 8.

- - - - Le même Livre, en grand Papier.

Consolations Philosophiques de *Boece*, nouvelle Traduction, avec la Vie de l'Auteur, des Remarques Historiques & Critiques, & une Dédicace Maçonique, par un Frère Maçon, Mem-

Membre de l'Académie Royale des Sciences de Berlin. à la Haye 1744. 2 vol. in 8.

Description de l'Egypte, contenant plusieurs Rémarques curieuses sur la Géographie Ancienne & Moderne de ce Païs, sur les Monumens Anciens, sur les Mœurs, les Coutumes & la Religion des Habitans, sur le Gouvernement & le Commerce, sur les Animaux, les Arbres, les Plantes, &c. composé sur les Mémoires de Monsr. de *Maillet*, Ancien Consul de France au Caire, par Mr. l'Abbé *Mascrier*, Ouvrage enrichi de Cartes & de Figures. à la Haye 1740. 2 vol. in 12.

Dissertation Théologique & Critique, dans laquelle on tâche de prouver, par divers Passages des Saintes Ecritures, que l'Ame de Jesus-Christ étoit dans le Ciel une Intelligence pure & glorieuse, avant que d'être unie à un Corps Humain, dans le Sein de la Bienheureuse Vierge Marie. Londres 1739. in 8.

Las Dissertationes Eccléfiasticas de el Marquez de Agropoli y Mondexar. Lisboa 1747. 2 vol. in fol.

Les Discours Historiques, Critiques, Théologiques & Moraux sur les Evénemens les plus mémorables de l'Ancien & du Nouveau Testament, par *Mrs. Saurin, Reques & Beausobre*, avec les belles Figures de *Mrs. Hoet, Houbraken & Picart*. 6 vol. in Folio, sur du Papier Super-Royal.

- - - - sur du Papier Royal. 6 vol. in Fol.

- - - - les Volumes séparés du même Ouvrage sur du Papier Impérial, Super-Royal, Royal, & Médian.

Le Dictionaire des Proverbes François, & les façons de parler Comiques, Burlesques & Familières, avec l'explication & les etymologies. Paris 1749. in 12.

Delices de la Grande Bretagne, & de l'Irlande; on font exactement décrites les Antiquitez, les Provinces, les Villes, les Bourgs, les Montagnes, les Rivieres, les Ports de Mer, les Bains, les Forterefles, Abbaies, Eglifes, Académies, Colléges, Bibliotheques, Palais; les Principales Maifons de Campagne & autres beaux Edifices des Familles Illuftres, avec leurs Armoiries &c. la Religion, les Mœurs des habitans, leurs jeux, leurs divertiffemens, & généralement tout ce qu'il y a de plus confidérable a rémarquer, par *James Beeverell*, le tout enrichi de très belles Figures, & Cartes Géographiques, deffinées fur les Originaux. 8 vol. Leyde 1727. in 8.

Examen du Pyrrhonifme Ancien & Moderne, par M. de *Croufaz*; ou Réfutation du Pyrrhonifme qui regne dans le Dictionaire & dans les Oeuvres de *Bayle*. à la Haye 1734. in fol. grand Papier.

Entretiens fur divers fujts d'Hiftoire, de Littérature, de Religion, & de Critique. Cologne 1733. in 12.

La Guerre *Seraphique*, ou Hiftoire des Périls qu'a couru la Barbe des *Capucins*, par les violentes Attaques des *Cordeliers*; avec une Differtation fur l'Infcription qui fe trouve au Portail de l'Eglife de Rheims: *Deo Homini & Beato Francifco, utrique Crucifixo*. à la Haye 1739. in 12.

Grammaire Efpagnole & Françoife, par Mr. l'Abbé de *Vairac*. Paris 1715. in 12.

Hiftoire Naturelle des *Oifeaux*, par M. E. Albin, avec les Notes de *Derham*. à la Haye 1750. 3 vol. in 4. fur du Papier Royal, avec plus de 300. Eftampes.

---- Le même Ouvrage, peint en Mignature, avec les Couleurs du Plumage de chaque Oifeau, tirées d'après Nature.

Histoire Generale de l'Auguste Maison d'Autriche, contenant une Description exacte de touts ses Empereurs, Rois, Ducs, Archiducs, & autres Princes tant Ecclésiastiques que Seculiers; l'Acquisition de touts leurs Royaumes, Principautez, & Païs Héréditaires, leurs Guerres, Traitez de Paix, Alliances, Mariages; avec touts les Portraits des Princes qui sont parvenus a l'Age de Majorité. Bruss. 1744. 3. vol. in fol. fig.

Histoire des XVII. Provinces des Pays-Bas, depuis l'Abdication de l'Empereur Charles V. en 1555. jusqu'à la Paix de Baden en 1716., par Mr. *Van Loon.* à la Haye 1736. avec plus de 3000. *Medailles*, 5 vol. in folio.

Histoire Naturelle Générale & Particuliere avec la Description du Cabinet du Roi, par Mrs. *Buffon* & d'*Aubenton.* à la Haye 1750. 3 vol. in 4. avec des belles Estampes gravées, par *J. vander Schley.*

- - - - Le même Livre en Grand Papier.

Histoire de *Charles XII.*, Roi de Suède, par Monsieur de *Nordberg.* à la Haye 1748. 4 vol. in 4. NB. Comme on a debité tant de Contrevéritez sur le Chapitre de ce Grand Prince, on a eu soin de munir cette Edition de plus de deux cent Piéces Authentiques, qui, en détruisant ce que certains Auteurs mal informés ont eu l'imprudence d'avancer dans leurs Ecrits, confirment en même temps les Faits les plus importans, contenus dans cette Histoire.

- - - - Le même Livre en Grand Papier.

Histoire de Lorraine, qui comprend ce qui s'est passé de plus Memorable dans l'Archevêché de Treves, & dans les Evêchez de Metz, Toul, & Verdun, depuis l'Entrée de Jules Cesar dans les Gaules, jusqu'à la Cession de la Lorraine, arrivée en 1737. inclusivement; avec les Pieces Juftificatives; le tout enrichi de Cartes Géographiques; de Plans de Villes & d'Eglifes, de Sceaux, de Monnoyes, de Medailles, de Monumens, &c. Nouvelle Edition, revue, corrigée, & augmentée par l'Auteur; avec les Portraits des Ducs & Ducheffes de Lorraine d'après les Medailles gravées par les Ordres du Duc Leopold, par le *R. P. Don Calmet.* Nancy 1748. 3 vol. fol. NB. Les Tomes 4. 5. & 6. fous Preffe.

Hiftoire d'Angleterre, par Monfieur de *Rapin Thoyas*. à la Haye 1727. 10 vol. 4.

Hiftoire des *Triumvirats*, depuis la mort de Catilina, jufqu'à celle de Céfar; depuis celle de Cefar jufqu'à celle de Brutus; depuis celle de Brutus, jufqu'à celle d'Antoine; Nouvelle Edition, augmentée de l'Hiftoire d'Augufte, par Mr. *de Larrey*. à la Haye 1746. 4 vol. in 12.

Les Hommes Illuftres qui ont paru en France, par Mr. *Perrault*. à la Haye 1730. 2 vol. in 8.

Hiftoire de *Frederic Guillaume I*. Roi de Pruffe & Electeur de Brandebourg. Amft. 1741. 2 vol. in 12.

Hiftoire de la Vie & des Ouvrages de *François Bacon*, Grand-Chancelier d'Angleterre; Peinture éxacte, quoi qu'anticipée, de la conduite & du renverfement du dernier Miniftère; avec les Portraits de *Fr. Bacon* & de *Rob. Walpole*. à la Haye 1736. in 8.

Hiftoire de la Papeffe *Jeanne*. la Haye 1736. 2 vol. fig. 8.

Hiftoire du Chriftianifme d'Ethiopie & d'Armenie, par Mr. *La Croze*. à la Haye 1739. in 8.

Hiftoire d'un Voyage Littéraire, fait en 1733. en France, en Angleterre, & en Hollande, avec un Difcours Preliminaire de Mr. *La Croze*, touchant le Syftême étonnant, & les *Athei detecti*, du *Père Hardouin*; & une Lettre

fort

fort curieuse concernant les prétendus Miracles de l'Abbé *Paris*, & les Convulsions risibles du Chevalier *Folard*. à la Haye 1736. in 12.

Histoire du XVI. Siecle par Mr. *Durand*. à la Haye 1735. 4 vol. in 12.

Histoire d'*Alburcide*, Nouvelle Galante. à la Haye 1736. in 12.

Histoire du Différend entre Leurs Nobles Puissances les Etats de la Province de *Zelande*, & son Altesse Sérénissime Guillaume Charles Henry Frison, *Prince d'Orange* & de *Nassau*, au sujet du Marquisat de *Verre* & *Flessingue*. Lond. 1744. in 8.

Histoire du Systême des Finances, sous la minorité de Louis XV., avec un abrégé de la Vie du *Duc Regent* & du *Sr. Law*. à la Haye 1734. 6 vol. in 12.

Instructions pour les Mariniers, contenant la manière de rendre l'Eau de la Mer potable; de conserver l'Eau douce, le Biscuit, le Bled; de saler les Animaux, & diverses autres Expériences Physiques, lues dans la Société Royale de Londres, traduit de l'Anglois de Mr. *Hales*. à la Haye 1740. fig. in 8.

Lettre de Mr. l'Abbé *Schannat*, sur l'Origine & le Progrès des Beguines. Paris 1731. fig in 8.

Lettres Critiques & Philosophiques par Mademoiselle *Cochois*, avec les Reponses de Mr. le Marquis *d'Argens*. à la Haye 1743. in 12.

Lettres, Memoires & Negociations de Mr. le Comte d'*Estrades*, tant en qualité d'Ambassadeur de S. M. T. C. en Italie, en Angleterre, & en Hollande, que comme Ambassadeur Plenipotentiaire à la Paix de Nimegue, conjointement avec Mr. *Colbert*, & le Comte d'*Avaux*, les Reponses du Roi & du Secretaire d'Etat; Ouvrage ou sont compris l'Achat de *Dunkerque*, & plusieurs autres choses intéressantes.

Nouvelle Edition, dans laquelle on a rétabli tout ce qui avoit été supprimé dans les précédentes. Londres 1743. 9 vol. in 12.

Memoires du Comte de *Guiche*, concernant les Provinces Unies des Pays-Bas, depuis 1665. jusqu'au 15 de Juin 1672. Ouvrage qui sert de preuve & de confirmation aux Lettres & Negociations de Mr. le Comte d'*Estrades*, & aux Memoires de Mr. *Aubery*. à la Haye 1744. in 12.

Memoires Historiques, Politiques, & Littéraires concernant le *Portugal*, & toutes ses Dependances; avec la Bibliotheque des Ecrivains & des Historiens de ces Etats, par Mr. le Chevalier d'*Oliveyra*. à la Haye 1743. 2 vol. in 8.

Metallurgie ou l'art de tirer & de purifier les Métaux, avec les Dissertations les plus rares sur les Mines & les Opérations Métalliques. 2 vol. à la Haye 1751. in 12.

Le *Militaire* en Solitude, ou, le Philosophe Chretien, Entretiens Militaires, Edifians, & Instructifs, par un Chevalier de l'Ordre Militaire de S. Louis. à la Haye 1736. 2 vol. in 8.

*Matanasiana*, ou, Memoires Litteraires, Historiques, & Critiques du Docteur Matanasius. à la Haye 1740. 2 vol. in 8.

Le Masque de Fer, ou les Avantures admirables du Père & du Fils. à la Haye 1747. 6 Parties in 12.

Medailles de Grand & de Moyen Bronze, du Cabinet de la *Reine Christine*; frappées tant par Ordre du Senat que par les Colonies Romaines, & par les Villes Grecques, gravées aussi délicatement qu'éxactement d'après les Originaux, par le célebre *Pietro Santes Bartolo*, en LXIII. Planches, expliquées par Mr. S. *Havercamp*, Professeur dans l'Academie de Leiden. à la Haye 1741. François & Latin; in folio.

. . . le même Ouvrage en Grand Papier, in fol.

Memoires pour fervir à l'Hiftoire de l'Efprit & du Cœur par Mr. le Marquis d'*Argens*, & par Mademoifelle Cochois. à la Haye 1744. in 8.

La Nouvelle *Marianne*, ou les Avantures de Madame la Baronne de ***. à la Haye 1738. 10 Parties in 12.

Les Oeuvres de Madame La Marquife *de Lambert*. 1747. in 12.

Les Oeuvres de Monfr. *Montfleury*, contenant fes Piéces de Theatre, repréfentées par la Troupe des Comédiens du Roi à Paris: avec des Figures en Taille Douce. à la Haye 1735. 2 vol. in 12.

*L'Orthopoedie*, ou, l'Art de prevenir & de corriger dans les Enfans les difformitez du Corps; le tout par des moyens à la portée des Pères & des Mères, & des Perfonnes qui ont des Enfans à élever; par Mr. *Andry*. à la Haye 1743. 2 vol. fig. in 8.

Oraifon Funèbres du Cardinal de *Biffy*, par Mr. l'Abbé *Segny*. Paris 1737. in 4.

La Parfaite Connoiffance des Chevaux par Mr. *Soulnier*. à la Haye 1734. avec 60 Planches; Grand Papier in folio.

Perfile & Sigifmonde, Hiftoire Septentrionale, tirée de l'Efpagnol de *Miguel de Cervantes*, par Madame L. G. D. R. Paris 1738. 4 vol. in 12.

Pharfamon, où, les Nouvelles Folies Romanefques, par Mr. de *Marivaux*. à la Haye 1736. 2 vol. in 12.

Payfan Gentilhomme, ou les Avantures de Mr. *Ranfau*, & fon Voyage aux Ifles Jumelles. à la Haye 1735. in 12.

Les Poëfies du *Pere du Cerceau*, Nouvelle Edition 1749. in 12.

Preuves Généalogiques de la Maifon de *Gondy*, contenant XXX. magnifiques Portraits, gravez avec toute la déliceteffe poffible, & repréfentans les Seigneurs & Dames de cette illuftre

Maison, la plufpart en Habits de Cérémonie, avec une courte explication des Dignitez dont ils ont été revetus. On y trouve auffi plufieurs Châteaux, Hôtels, Eglifes, Chapelles, Maufolées, Epitaphes, Tableaux, Infcriptions, Tropnées, Armoiries, & autres Ornemens; le tout repréfenté en 64. belles Eftampes, in Fol.

Recueil d'Eftampes, qui reprefentent les Evenemens les plus Mémorables de l'Ancien & du Nouveau Teftament, par Mr. Hoet, Houbraken, & Picart. fur du Papier Royal.

Remarques Hiftoriques, Critiques, & Philologiques fur le Nouveau Teftament, par Mr. *Beaufobre* le Pere. à la Haye 1742. 2 vol. in 4.

*Roderic & Mitra*, ou le *Demon & La Demone* mariez; Nouvelle Hiftorique, Hébraïque, & Morale, à Demonopolis 1745. 2 vol. in 12.

Rome Ancienne, la principale des Villes de l'*Europe*, avec toutes fes Magnificences & fes Delices; Nouvellement & très Exactement décrite depuis fa fondation, & illuftrée par des tailles douces, qui repréfentent au Naturel toutes fes Antiquitez; favoir fes principaux Temples, Théatres, Amphithéatres, Arques, Naumachies, Arcs de Triomphe, Bafiliques, Palais, Thermes, Colonnes, Obelifques, Statues, Triomphes, Tombeaux, Ceremonies, & autres chofes rémarquables, par Sr. *François Defeine*. Leyde 1713. 4 vol. in 12°.

Recueil des Opera, reprefentez par l'Académie Roiale de Mufique. à la Haye 12 vol. in 12.

Rome Moderne, Premiere Ville de l'*Europe*, avec toutes fes Magnificences & fes Delices; Nouvellement & très Exactement décrite, & illuftrée par des tailles douces, qui repréfentent tout ce qui y eft digne d'être vu & fçu; comme font fes Eglifes, Reliques, Cimetiéres, Tombeaux, Cloitres, Hofpitaux, Colléges, Séminaires, Places publiques, Palais, E-

*difi-*

difices, Architectures, Statues, Peintures, Sculptures, Bibliotheques, Cabinets, Jardins, Fontaines, &c. tant dans la Ville qu'aux environs, avec les Magnifiques Maisons de Campagne de plusieurs Cardinaux, & Princes, & autres choses rémarquables. Ce qui est suivi d'une Description très Exacte du Gouvernement & de l'Etat de Rome, aussi bien que des Fonctions publiques du Pape & de tous ceux qui ont des Emplois auprès de Lui; des Cavalcades & autres Ceremonies ordinaires & extraordinaires tant Publiques que Particulieres de la Cour de Rome, avec les Revenus & Dépenses du Pape; par le Sr. *François Deseine*. Leyde 1713. in 12.

Le Sens Litteral de l'Ecriture Sainte defendu contre les principales Objections des Anti-Scripturaires, & des Incredules Modernes, traduit de l'Anglois de Mr. *Stackhouse*, avec une Dissertation du Traducteur sur les *Demoniaques* dont il est fait mention dans l'Evangile. à la Haye 1741. 3 vol. in 8.

Sermons de S. *Gregoire*, sur Ezechiel. Paris 1748. 12.

Le Siege de *Calais*, Nouvelle Historique. à la Haye 1732. in 12.

Système nouveau & complet de Desseins d'Architecture, en un Recueil de Plans, d'Elévations, de Desseins, pour des Maisons commodes & ornées, avec les Offices & les Bâtimens Extérieurs, proportionnés & appropriés aux divers Usages & aux Situations que l'on veut; de même qu'une Estime de chacun d'eux au Grand Quarré; Le tout précédé de dix différentes sortes de Piedroits, avec des Portes de diverses compositions propres pour des Entrées de Cours, de Jardins, &c. & accompagné de nouvelles Regles Architectoniques, pour tracer les Membres, suivant l'Espéce & les Proportions de quelque Ordre que ce soit ; en 46. Planches en Taille Douce, suivies de leurs Explications. Londr. 1749. Grand in Quarto.

La Theorie & la Pratique du *Jardinage*, où l'on traite à fond des beaux Jardins, appellez communément les Jardins de Plaisance & de Propreté ; contenans plusieurs Plans & Dispositions Générales de Jardins ; nouveaux Desseins de Parterres, de Bosquets, de Boulingrins, Labyrinthes, Salles, Galeries, Portiques, & Cabinets de Treillages, Terrasses, Escaliers, & autres Ornemens, servant à la Decoration & à l'Embellissement ; Troisième Edition, augmentée de plus de XXX. Figures. à la Haye 1739.

*Thresor des Antiquitez* de la Couronne de *France*, représentées en Figures d'après leurs Originaux ; soit en Pierre dans les Bâtimens Anciens ; soit en Or, Argent, Cuivre, ou autre Metal ou Matière, dans les Palais des Rois & des Grands Seigneurs, ou dans les Cabinets des Sçavans & des Curieux ; soit en Peinture, Gravûre, Sculpture, & autres Arts dépendans du Dessein ; soit, enfin, en telle autre matière ou manière que ce puisse être. Collection très-importante de plus de *trois cent Planches*, & de très grande Utilité pour l'Intelligence parfaite de l'Histoire de *France* : Dans laquelle on trouve tout ce qui concerne particulierement les Rois, les Reines, les Dauphins, les autres Enfans de France, tant Fils que Filles ; les Princes du Sang Royal, les Pairs du Royaume ; les Ducs, Comtes, Barons, & autres grands Seigneurs de l'Etat ; la Maison des Rois ; les Grands Officiers de la Couronne, & ceux de Justice, de Police, de Milice, &c. les Marques de Royauté tant

An-

Anciennes que Modernes; les Cerémonies des Sacres des Rois, de leurs Couronnemens, de leurs Lits de Juſtice, leurs Entrevûes avec des Souverains Etrangers; les Hommages qui leur ont été faits, les Preſtations de Sermens de Fidelité, les Convocations & Aſſemblées d'Etat; les Chaſſes, les Batailles; en un mot tout ce qui concerne la Perſonne des Rois, des Reines, des Enfans de France, des Princes du Sang, des Grands Seigneurs de la Nation, & des Hauts Officiers de la Maiſon & Couronne de France, & tout ce qu'on a cru propre à faire connoître & illuſtrer leurs Perſonnes & leurs Familles. Les Uſages & Coutumes du Royaume, ſelon les différends tems auxquels ils ſe ſont établis, & les divers changemens qu'ils peuvent avoir ſubis: par éxemple les Habillemens, les Coëffures, les Chauſſures, les Modes de toute Eſpèce, les Mariages, les Repas, les Feſtins, les Fêtes Publiques, les Spectacles de divers genre, les Feux d'Artifice, les Divertiſſemens ſur l'Eau, les Joutes, les Combats à outrance & les ſimples Carouſels, les Enterremens & Pompes Funebres, les Tenues & Aſſemblées d'Etats de Province, de Parlemens & autres Cours Souveraines; des Cours Subalternes, leurs divers Officiers, les Punitions & Supplices qu'elles infligent, & enfin, tout ce qui peut appartenir à la Vie Civile. à la Haye 1745. 2 vol. in folio.

- - - - - le même en Grand Papier, 2 vol. in fol.

*NB. On n'a imprimé de cet Ouvrage que Cent Vingt-Cinq Exemplaires en Grand, & autant en petit Papier.*

Tablettes Chronologiques & Hiſtoriques des Rois de *Portugal*, avec l'Abregé de l'Hiſtoire de Portugal, la Bulle du Pape Alexandre III. qui confirme le Titre du Roi de *Portugal*; les Titres dont plusieurs Seigneurs Portugais sont revetus. à la Haye 1716. 8.

Traité de la Peinture & de la Sculpture, par Mrs. *Richardson*, Père & Fils. Amst. 1728. 3 vol. in 8.

Le grand Theatre Sacré du Duché de *Braband*, contenant la Description de l'Eglise Metropolitaine de Malines, & de toutes autres Eglises Cathedrales, Collegiales & Paroissiales; des Abbayes, Prevotés, Prieurés, & Couvens tant d'Hommes que de Femmes; les Vies des Evêques; la suite des Prevots, Doyens, Archidiacres, Abbez, Abbesses, Prieurs, & Prieures; avec les Tombeaux, Cabinets d'Armes, Epitahes, & Inscriptions Sepulchrales des Archeveques, Eveques, Ducs, Princes, Marquis, Comtes, Barons, & autres Hommes illustres. à la Haye 1734. 4 vol. in folio avec quantité de fig.

Une magnifique *Mappe-Monde* en une Grande Feuille d'une Composition d'autant plus curieuse & nouvelle, que les Mappe-Mondes ordinaires, répréfentant le Globe Terrestre coupé en deux Parties renfermées chacune dans un Cercle, tous les Méridiens & les Paralleles à l'Equateur y sont aussi marqués par des Lignes Courbes; au lieu que dans cette Nouvelle Mappe-Monde, qui du Globe fait un Cylindre, les Cercles de la Sphére y paroissent en lignes droites, & dégagent la Géographie de la géne où elle a toujours été dans ces sortes de Cartes. Outre cet avantage, on en retire ceux-ci 1. de reconnoître avec facilité l'étendue des Pays. 2. de distinguer la Situation des uns par rapport aux autres, 3. de prendre la distance des Lieux. 4. d'y tracer les Airs de Vent de la Boussole.

5. d'y

5. d'y joindre des Echelles pour mesurer les Distances; Usages dont on est privé dans les Mappe-Mondes ordinaires, dont la Projection élargit les Cercles & la Géographie vers les bords, & les resserre au contraire dans le Milieu, d'une telle sorte, que pour avoir une Figure très imparfaite de la Rondeur de la Terre, on perd l'utilité qu'on doit retirer d'une Carte Géographique. *Mr. Bellin*, dont le mérite & la capacité sont connus, a fait entrer dans la Composition de cette Carte ce que nous avons aujourd'hui de plus certain, & entiérement conforme aux observations Astronomiques, tant sur la Russie, la Sibérie, la Tartarie & la Chine, que sur l'Amérique, qui dans cette Carte se trouve considérablement raprochée de l'Asie. Les Changemens & Augmentations, qui se trouvent dans les Parties Septentrionale & Méridionale de l'Amérique, sont si considérables, qu'elle peut passer pour nouvellement découverte.

- - - Idem, en Grand Papier.
- - - Idem, sur du Taffetas Blanc.

Une très belle Estampe, inventée & gravée en 1732. par *Picart*. Elle represente l'Histoire, qui donne une Plume a la Peinture, & l'invite a decrire les Gestes des Princes de la Maison de *Bavière*, de *Bourgogne*, & *d'Autriche*, qui furent Souverains des Pais-Bas; le Temps & la Renommée ouvrent un Tapis, qui represente la Pucelle des XVII. Provinces, accompagnée de la Religion & de la Liberté; l'Art Militaire y est representé par *Mars*; la Navigation par *Thetis*, le Commerce par *Mercure*. Les Portraits de Philippe le Bon, Charles le Hardy, Marie & Maximilien d'Autriche, Philippe le Bel, & Charles Quint, decorent le bord du Tapis; divers Genies, qui representent la Science des Medailles, la Peinture & l'Histoire, re, s'occupent a examiner divers Ecrits, & a deſſiner des Medailles. in fol.

- - - - une dito du même *Picart*; qui repreſente Hymen ſur ſon Thrône; & l'Alliance, de la Maiſon de *Bavière* & celle *d'Autriche*; accompagnée de pluſieurs Femmes, qui portent les Armoiries de pluſieurs Provinces des Païs-Bas, qui par ce Mariage ont été rangées ſous la même Domination. in 4.

- - - - une dito, qui repreſente l'Abdication de Charles V. ſur Philippe II. inventée & gravée par *Wandelaar*. in 4.

- - - - une dito, qui repreſente l'arrivée en Hollande des Anciens *Bataves*, ſortans du Païs de Heſſen, & deſcendans le Rhin ſur des Flottes de Bois; deſſinée par *du Bourg*, & gravée par *van der Laan*. in 4.

- - - - une dito, repreſentant les mêmes *Bataves*, arrivant avec des Vaiſſeaux a Voile, & mettant pied a Terre a Nimegue. in 4.

- - - - Deux dito, repreſentans les Mœurs & la maniere de vivre des Anciens *Bataves*, leurs Repas, leurs Habitions ſur des Collines, la Structure de leurs Maiſons, leur maniere de s'armer en Guerre, leurs Habillemens tant pour les Hommes que pour les Femmes, leurs Chaſſes, la Culture de leurs Terres; &c. repreſentez en deux belles Planches doubles, deſſinées par *C. Pronck*, & gravées par *J. Folkema*. in fol.

- - - - Le Portrait de *Mr. F. van Mieris*, peint par lui même, & gravé par *Houbraken*. in fol.

- - - - Le Portrait de *Mr. Gerard van Loon*, peint par *Mr. F. van Mieris*, & gravé par *Mr. Houbraken*. in fol.

La Vie d'*Eliſabeth*, Reine d'Angleterre, Nouvelle Edition, augmentée du Veritable Caractère d'Eliſabeth & de ſes Favoris. à la Haye 1741. a vol. avec des Fig. 12.

*Libri*

## Libri Latini.

Jo. Molleri *Cimbria Literata, sive, Scriptorum Ducatus Utriusque Slesvicensis & Holsatici, quibus & alii Vicini quidam accensentur, Historia Literaria tripartita; cum Præfatione Jo. Grammii, nec non Indice necessario. Hafniæ* 1744. 3 *vol. in fol.*

Guidonis Ferrarii *de Rebus Gestis Eugenii, Principis a Sabaudia, Bello Pannonico libri III. accedit huic Novæ Editioni Præfatio Cornelii Valerii Vonck. Hagæ Com.* 1749.

Jo. Ph. Baraterii *Disquisitio Chronologica de Successione Antiquissima Episcoporum Romanorum, inde a Petro usque ad Victorem; ubi, occasione data, de pluribus aliis ad Historiam Ecclesiasticam spectantibus agitur; accedunt quatuor Dissert., duæ de Constitutionibus Apostolicis dictis: una de Scriptis Dionysii Pseud-Areopagitæ; & una de Annis Agrippæ Junioris, Judæorum Regis. Ultraj.* 1740. *in 4.*

*Breviarum* Rothomagense, *Illustrissimi & Reverendiss. in Christo Patris Ludovici de la Vergne de Trissan, Rothomagensis Archiepiscopi, autoritate reformatum & editum.* 1736. 4 *vol.* 18. *Rubr. Nigr. cum Figuris.*

*Bibliotheca Hobendorfiana, Hulsiana, Markiana, Krysiana, & Duboisiana. Hagæ Com.* XV. *vol. in* 8.

*Compendium Moralis Euangelicæ, sive, Considerationes Christianæ in Novum Testamentum. Lovanii* 1694. 4 *vol. in* 12. *Editio nitidissima.*

Clarellus (Lud.) *Spiritus Animales e Medico Systemate exturbati, Disquisitione Physico-Medico-Mathematica. Neapoli* 1744. *in* 4.

Jo. Bapt. Gramaye *Antiquitates illustrissimi Ducatus*

catus Brabantiæ, in quibus Singularium Urbium Initia, Incrementa, Respublicæ, Privilegia, Opera, Laudes: Cænobiorum Fundationes, Propagationes, Sacri Thesauri, Encomia, Viri clari: Ecclesiarum Patronatus, Monumenta, Reliquiæ Sanctorum; Collatores; Pagorum Dominia, Domini, Familiæ: accedunt Antiquitates Bredanæ nunc primum editæ, & Nic. de Guyse Mons Hannoniæ; & Dav. Lindani Teneræmondæ. Brux. 1702. in fol.

Jo. Harduini Opera Varia: in quibus continentur I. Undecim Athei Hodierni: Scilicet Janssenius, Martin, Thomassin, Mallebranche, Quesnel, Arnaud, Nicole, Pascal, Descartes, le Grand & Regis. II. Platon expliqué. III. Pseudo Virgilius. IV. Pseudo-Horatius. V. Numismata Sæculi Justinianæi. VI. Numismata Antiqua Sæculi Theodosiani. VII. Numismata Regum Francorum. Hagæ Com. 1733. cum LVII. Tabulis Numismatum. in fol.

- - - Ejusdem Harduini Commentarius in Novum Testamentum, acced. ejusdem Autoris Lucubratih, in cujus prima parte ostenditur Cepham, a Paulo reprehensum, Petrum non esse; in altera Parte Joannis Apostoli de Sanctissima Trinitate locus explanatur. Hagæ Com. 1741. in fol.

- - - Eadem Opera, Charta Majori, 2 vol. in fol.

Hospitalii, Galliarum Cancellarii, Carmina. Amst. 1732. in 8.

Limborgii Theologia Christiana; adjuncta est Relatio Historica de Origine & Progressu Controversiarum in Fœderato Belgio de Prædestinatione. Hagæ Com. 1736. in fol.

Ant. Matthæi Veteris Ævi Analecta, seu Vetera Monumenta, hactenus nondum visa, quibus continentur Scriptores varii, qui præcipue Historiam Universalem, Expeditiones in Terram Sanctam, Res Germaniæ, Gelriæ, Hollandiæ, Ultrajecti, Frisiæ tam Occidentalis quam Orientalis, & Groningæ;

ningæ; *Dominorum de Brederoode, de Culemburch, & de Arkel, Memoriæ prodiderunt. Præterea Itineraria, Testamenta Vetera, & Doctorum Virorum Epistolæ. Hagæ Com.* 1738. 5 *vol. in* 4.

Maittaire *Index in Annales Typographicos. Londini* 1741. 2 *vol. in* 4.

*Nummophylacium* Reginæ Christinæ, *quod comprehendit Numismata Ærea Romanorum, Latina, Græca, atque in Coloniis cusa, quondam a* Petro Santes Bartolo *summo Artificio summaque Fide Æri incisa, cum Commentario Sigeberti Havercampi, Latine & Gallice. Hagæ Com.* 1741. *cum LXIII. Tabulis Numismat. in fol.*

- - - - *idem Liber, Charta Major. in fol.*

Gricellarii *de Bello Italico Commentarius. Lond.* 1738. *in* 4.

Plutarchi *Apophtegmata Regum & Imperatorum; Laconica; Antiqua Lacedæmoniorum Instituta, Gr. Lat. cura* Maittaire. *Lond.* 1741. *in* 4.

J. D. Santorini *Observationes Anatomicæ. Lugd. Bat.* 1739. *fig. in* 4.

Schwenke *Rari Casus Anatomici Explicatio. Hagæ Com.* 1734. *in* 8.

Thesaurus Antiquitatum *& Historiarum Italiæ, Neapolis, Siciliæ, Sardiniæ, Corsicæ, Melitæ, congestus a* Jo. Georg. Grævio, Jac. Perizonio, *&* Sig. Havercampio; *cum Præfationibus* P. Burmanni. *Lugd. Bat. Cum quamplurimis Figuris, Numismatibus, Inscriptionibus, Mappis Geographicis, aliisque Ornamentis. in fol. a Tomo VII. ad Tomum XLV.* 39. *Volumina, Charta Majori.*

- - - - *idem Liber, a Tomo VII. ad Tomum XLV.* 39. *Volumina. Charta Minori.*

A. Trommii *Concordantiæ Græcæ, Versionis vulgo dictæ LXX. Interpretum, cujus voces secundum Ordinem Elementorum Sermonis Græci digestæ*

*geſtæ recenſentur, contra atque in Opere Kircheriano factum fuerat. Leguntur hic præterea voces Græcæ pro Hebraicis redditæ, ab Antiquis omnibus quorum nonniſi fragmenta exſtant, Aquila, Symmacho, Theodotione, aliisque, quorum maximam partem nuper in lucem edidit* Bern. de Montfaucon. *Amſt.* 1711. 2 *vol. in fol.*

C. Trioen *Obſervationum Medico-Chirurgicarum Faſciculus, Lugd. Bat.* 1743. *cum nitidiſſ. figuris. in* 4.

Theatrum Belli *ad Boryſthenem, Tyran, & Danubium Fluvios geſti; anno* MDCC XXXVII. *&* MDCC XXXVIII. *a Milite Auguſtæ Ruſſorum Imperatricis adverſus Turcas Tartaroſque geſtis: Verus Cherſoneſus Tauricæ ſeu Crimeæ Conſpectus, adjacentium item Regionum Itineriſque ab Exercitu Rutheno anno* MDCC XXXVI. *&* MDCC. XXXVII. *adverſus Tartaros ſuſcepti. Ex Autographis in Academia Scientiarum Petropolitana; Fol. Mappæ hæ tres Geographicæ Coloribus ſunt diſtinctæ.*

Em. Telleſius, *Marchio Alegretenſis, de rebus geſtis Joannis* II. *Luſitanorum Regis. Hagæ C.* 1712. *in* 4.

Theatrum Fati, *ſive, Notitia Scriptorum de Providentia, Fortuna, & Fato; aut* P. F. Arpe, *Rot.* 1716. *in* 8.

*Vera ac Sincera Hiſtoria Actorum* Patriarchæ Antiocheni, *Tartaro-Sinici Imperatoris, Generalis Præfecti Macaenſis, & plurium Epiſcoporum, Vicariorum Apoſtolicorum, Presbyterorum Sæcularium, Regularium, preſertim Societatis Jeſu, in Sinarum Imperio, atque in Civitate Macaenſi, circa Sinenſes Ritus & Luſitanum Patronatum, autore quodam Sinenſi Miſſionario, veritatis amante. in* 4.

Vidos de los Pintores y Eſtatuarios eminentes Eſpagnoles, por *D. Antonio Valaſco.* Lond. 1742. in 8.

## Nederduitsche Boeken.

DE Gevallen van D. Quichot, door den beroemden Picart, en anderen, in XXXI. Kunst-Plaaten, na de Schilderyen van Coypel in 't koper gebragt, beschreven op een vryen en vrolyken trant door Jacob Campo Weyerman, en door den zelven met Gedichten, en het Leven van M. de Cervantes Saavedra, verrykt. Hage 1746. in 4.
- - - - het zelfde Werk. in folio.
- - - - de Figuuren, zoo in Folio als in Quarto, worden ook apart verkogt.

Historie der Zaaken in Azia, Africa, en Europa, en in derzelver Koningryken, Landschappen, Staaten, en Steden, zedert het opbouden der Fabel-Eeuw tot op de Heerschappy van Karel den Grooten, voorgevallen; door S. Havercamp. Hage 1736. 3 deelen, zynde het vierde en laatste onder de Pers.
- - - - het zelfde, op groot Papier.

Rym-Chronyk van Klaas Kolyn, met Taal- en Historikundige Aantekeningen, en met eenen Bladwywyzer der oude Nederduitsche Woorden verrykt, door Mr. Gerard van Loon. Hage 1745. in fol.
- - - - het zelfde, op groot Papier.

Gedenkstukken van de Fransche Monarchie, verbeeld in meer dan drie hondert Konstplaaten, zeer naaukeurig in 't Koper gebragt, na de oude Overblyffelen die nog in wezen zyn, 't zy in Goud, Zilver, Koper, Schildery, Plaaten, Teekening, Beeldbouwery, &c. door den booggeleerden, en wydberoemden Heere D. Bernard de Montfauçon. Hage 1745. 2 deelen in folio.
- - - - het zelfde Werk, op groot Papier.

Historische Beschryving der Reizen, of Nieuwe en volkome Verzameling van de alderwaardigste en zeldsaamste Zee- en Land-Togten, met meenigte

nigte uitmuntende Kunst-Platen, en onvergelyke Geografische Kaarten verrykt. Hage 1747. XI deelen. in 4.

- - - - het zelfde Werk, op groot Papier.

Van Loon Aloude Historie, en Mieris Histori der Nederlandsche Vorsten. Hage 1723. & 1734. 5 deelen.

- - - - het zelfde, op groot Papier.

Konst om Tamme-Vogelen van alderhande soort in alle Jaartyden uittebroeijen en optebrengen, zo door Middel van Mest als van 't gemeene Vuur, door den Heer de Reaumur. Hage 1751. 2 deelen. in 12.

# SUPPLEMENT au CATALOGUE.

## DE

## *PIERRE DE HONDT.*

Carte Topographique des Villes de Londres & de Westminster, du Bourg de Soutwark & de leurs Environs, lévée très exactement sur les Lieux, par *Jean Rocque*, en XVI. Grandes Feuilles. Londres 1746.

Plan de Paris, & de ses Fauxbourgs, avec ses Environs, ou se trouve le Détail des Villages, Chateaux, Grands Chemins & autres; des Hauteurs, Bois, Vignes, Champs, & Prez, levé par Mr. *Roussel*, Capitaine Ingenieur du Roi, & reduit sur la même Echelle de celui de Londres, par *J. Rocque*, en VII. Grand Feuilles. Londres 1748.

Description circonstanciée de la Residence Royale & Capitale de Coppenhague, avec une Explication de toutes les Choses dignes de Remarque, que renferme de nos jours cette grande Ville; par Mr. le Colonel *Thurab*, a Coppenhague 1748. in 4., avec CX. Estampes.

Histoire Générale des *Voyages*, ou, Nouvelle Collection de toutes les Rélations de Voyages par Mer & par Terre, qui ont été publiées jusqu'à présent dans les differentes Langues de toutes les Nations connues; enrichie de Cartes Géographiques, nouvellement composées sur les Observations les plus authentiques; de Plans & de Perspectives; de Figures d'Animaux, de Végétaux, Habits, Antiquités; &c. Nouvelle Edition, revûe sur l'Original Anglois, & où l'on a non seulement rétabli avec soin ce qui a été supprimé ou omis par le Traducteur de Paris, exactement distingué ses Additions du reste de l'Ouvrage & corrigé les Endroits où il s'est écarté

carté du vray sens de son Auteur; mais même dont les Figures & les Cartes ont été gravées par, & sous la Direction de, *J. vander Schley*, Elevé distingué du célèbre *Picart le Romain*. à la Haye 1747. 9 vol. in 4.

NB. Cette Edition est ornée de Quantité de Cartes Géographiques & de BellesFigures, dont plusieurs même ne se trouvent pas dans l'Original Anglois, & cette Edition est infiniment plus exacte, plus fidelle, plus vraie, & plus complete que celle de Paris.

Le Vitruve Danois, contenant les Plans, les Elévations, & les Profils des principaux Bâtimens du Royaume de Dannemarc, aussi-bien que des Provinces Allemandes, dependantes du Roi, avec une courte Description de chaque Bâtiment en Particulier; par Monsieur le Colonel de *Thurab*, Intendant des Bâtimens du Roi, &c. Copppenhagen 1746-1749. 2 vol. grand Fol., avec quantité de magnifiques Estampes.

Nouveau Dictionaire Historique & Critique, pour servir de Supplement ou de Continuation, au Dictionaire Historique & Critique de Mr. Pierre Bayle, par Monsieur Jaques George de Chauffepié. à la Haye 1751. 2 vol. in folio.

- - - - Les Tomes 3. & 4. sous presse.

*Novus Thesaurus Juris Civilis & Canonici, quo junctim exhibentur Varia & Rarissima Optimorum Interpretum, imprimis Hispanorum & Gallorum, Opera, utrumque Jus ex Humanioribus Litteris, Antiquitatibus, ac Veteris Ævi Monumentis illustrantia, tam edita antehac quam inedita, ex Bibliotheca Gerardi Meerman, JCti, & Reipublicæ Roterodamensis Syndici. Hagæ Com. 1751. Tomus primus, in fol.*

- - - - *idem Liber, Charta Majori.*

Reliqua *Volumina sub Prælo, quorum Secundum in lucem prodibit* 1 Octobris 1751. *Tertium* 1 Martii 1752. *Quartum* 1 Augusti 1752. *Quintum* 1 Januarii 1753.

F I N.

www.ingramcontent.com/pod-product-compliance
Lightning Source LLC
Chambersburg PA
CBHW060928050426
42453CB00010B/1905